AF490450

ACTION/RÉVÉLATION
Version Hot pour couples
69

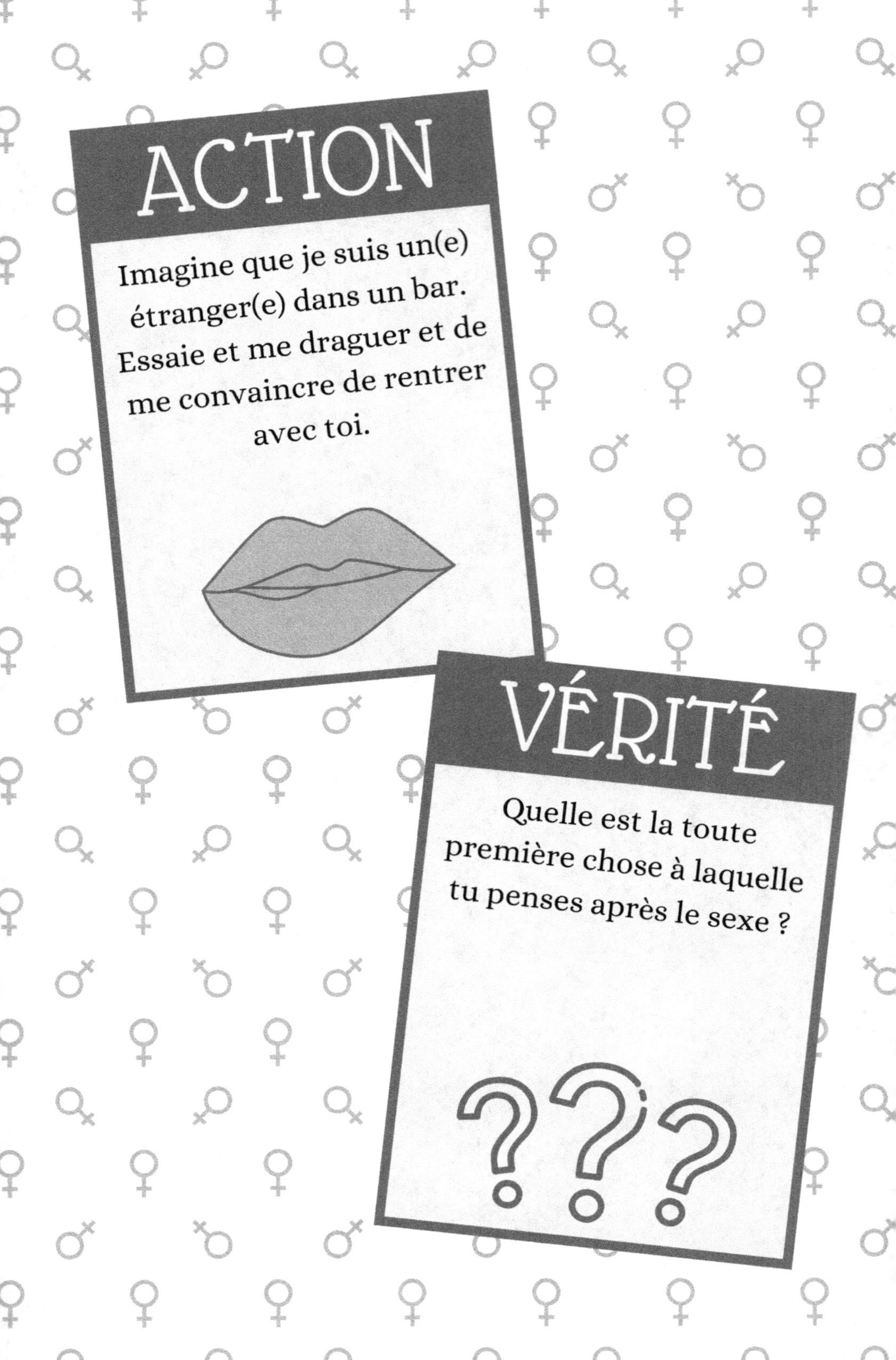

ACTION
Imagine que je suis un(e) étranger(e) dans un bar. Essaie et me draguer et de me convaincre de rentrer avec toi.
VÉRITÉ
Quelle est la toute première chose à laquelle tu penses après le sexe ?

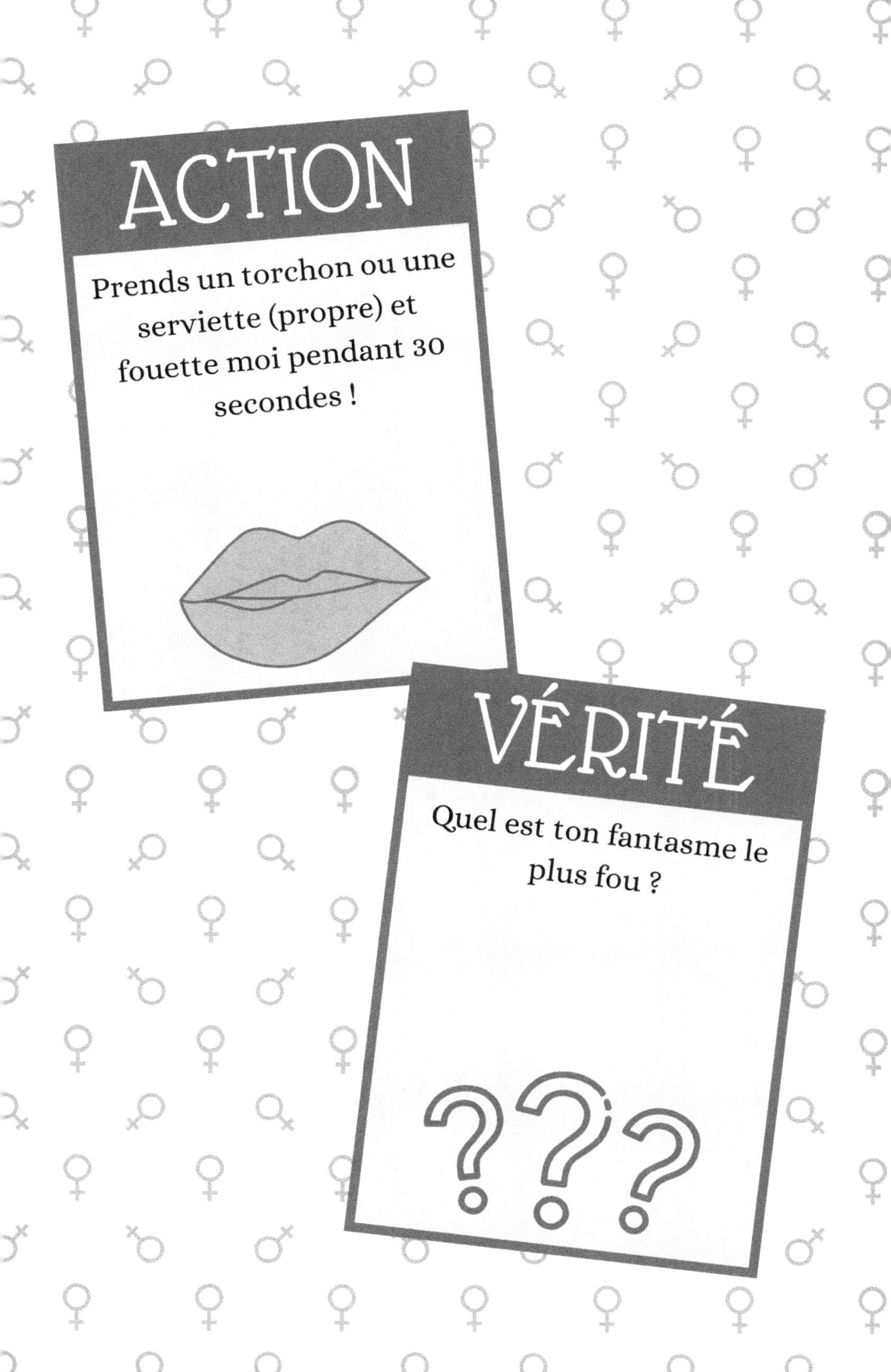

ACTION
Prends un torchon ou une serviette (propre) et fouette moi pendant 30 secondes !
VÉRITÉ
Quel est ton fantasme le plus fou ?

ACTION
Ecris un message sexy sur mon corps à l'aide de ta langue.
VÉRITÉ
As-tu déjà fantasmé sur une personne de la famille d'un(e) ex ?

ACTION
Laisse moi te bander les yeux et faire ce que je veux de toi pendant une minute.
VÉRITÉ
Est-ce que tu t'es déjà filmé(e) en train de faire l'amour ?

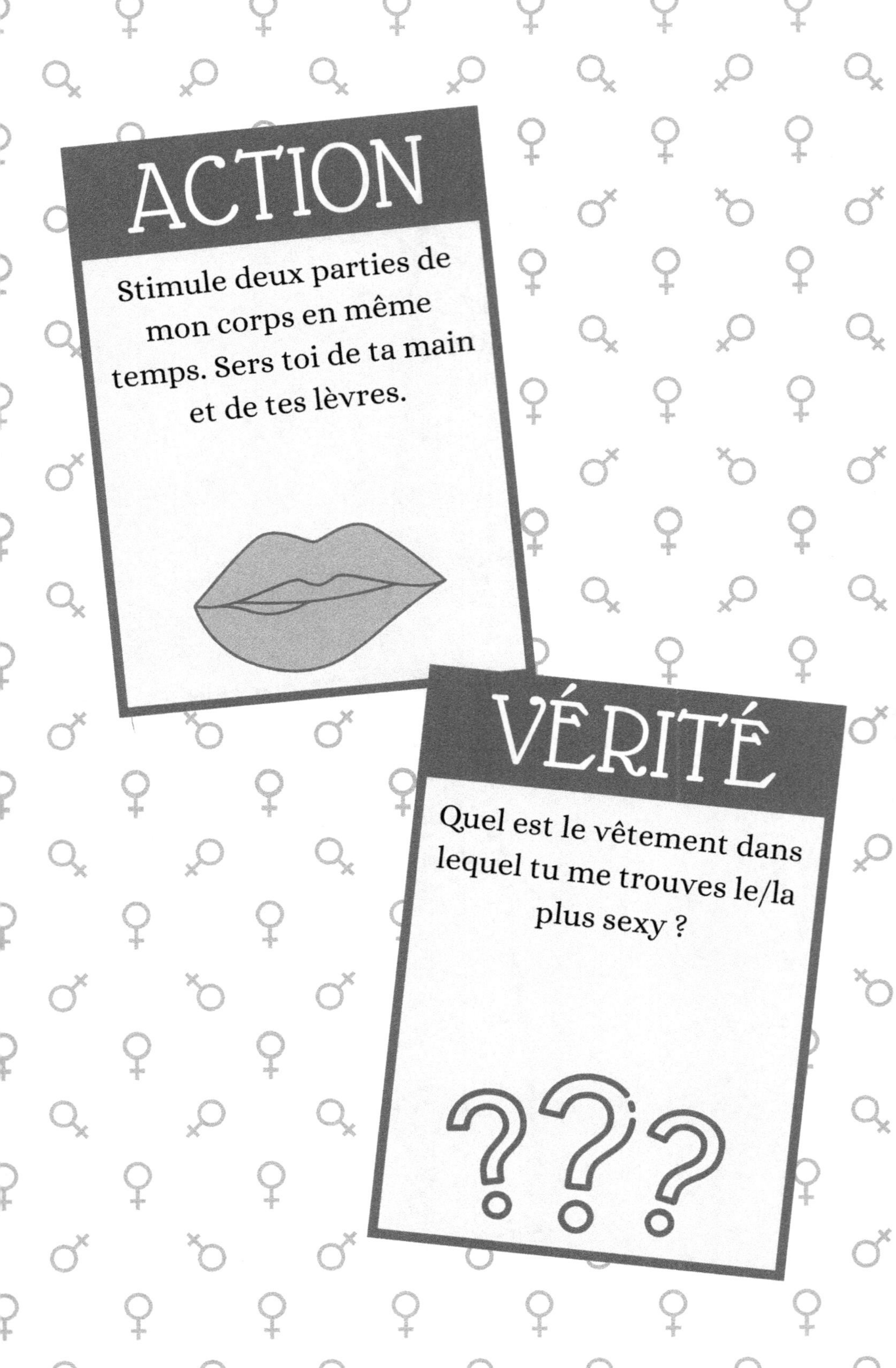

ACTION
Stimule deux parties de mon corps en même temps. Sers toi de ta main et de tes lèvres.
VÉRITÉ
Quel est le vêtement dans lequel tu me trouves le/la plus sexy ?

ACTION
Mets-toi sur la table et fais un strip-tease pour moi en gardant seulement tes sous-vêtements.
VÉRITÉ
As-tu déjà fait l'amour sur ton lieu de travail ?

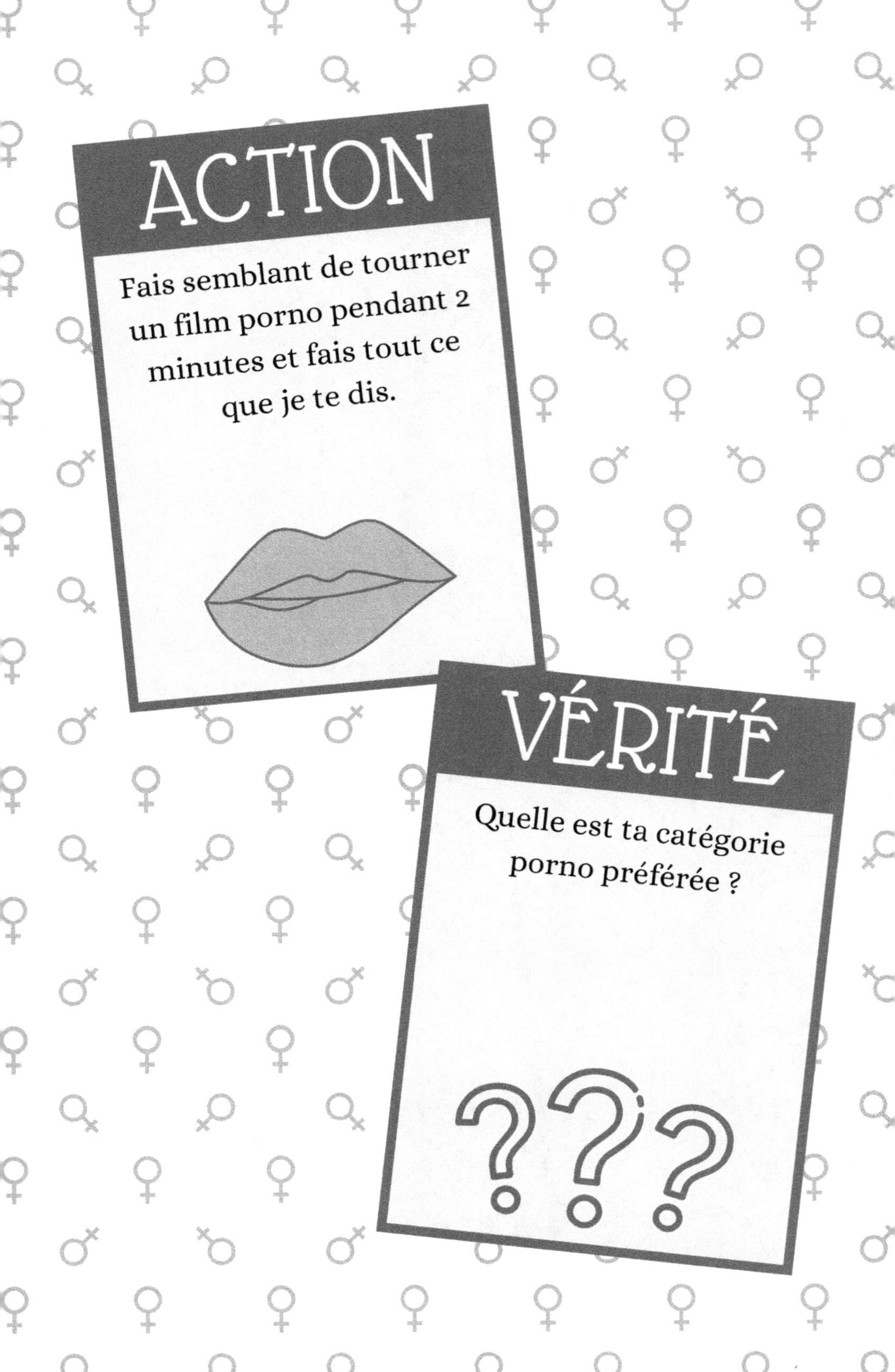

ACTION
Fais semblant de tourner un film porno pendant 2 minutes et fais tout ce que je te dis.
VÉRITÉ
Quelle est ta catégorie porno préférée ?

ACTION
Verse un peu d'alcool sur mon ventre et lèche moi de manière sensuelle.
VÉRITÉ
As-tu déjà eu une relation avec une personne rencontrée sur une appli de rencontres ?

ACTION
Fais-moi un massage des cervicales pendant 3 minutes.
VÉRITÉ
Tu préfères le rapport anal, vaginal ou oral ?

ACTION
Mets-moi des menottes et fais-moi un(e) cunnilingus/fellation.
VÉRITÉ
Quelle est ta position préférée et pourquoi ?

ACTION
Tu dois te masturber devant moi pendant 2 minutes.
VÉRITÉ
As-tu déjà eu une relation homosexuelle ?

ACTION
Choisis un film X et regardons un passage.
VÉRITÉ
Avec qui as-tu eu le plus de plaisir au lit ?

ACTION
Embrasse-moi
sensuellement.
VÉRITÉ
As-tu déjà fait l'amour
dans l'eau ?

ACTION
Commande une tenue sexy sur internet.
VÉRITÉ
Avec combien de personnes as-tu couché ?

ACTION
Fais la vaisselle tout(e) nu(e).
VÉRITÉ
As-tu déjà été attaché(e) pendant que tu faisais l'amour ?

ACTION
Ferme les yeux et accepte de manger ce que je te donne.
VÉRITÉ
Qu'est-ce que tu détestes faire au lit ?

ACTION
Laisse-moi te faire un suçon dans le cou.
VÉRITÉ
As-tu déjà fait semblant d'avoir un orgasme ?

ACTION
Suce-moi un doigt et fais comme si tu me faisais une fellation.
VÉRITÉ
As-tu déjà regretté un coup d'un soir en te réveillant à ses côtés ?

ACTION
Ferme les yeux et embrasse la partie de mon corps que je mets devant tes lèvres.
VÉRITÉ
Pourrais-tu avoir une relation où le sexe est presque inexistant ?

ACTION
Lèche du chocolat (ou autre) sur mon avant-bras.
VÉRITÉ
Combien de temps devrait durer le sexe pour que ce soit parfait ?

ACTION
Va dans la salle de bain, prend un selfie coquin et envoie-le moi.
VÉRITÉ
Décris-moi ta partie de jambe en l'air idéale ?

ACTION
Chuchote quelque chose dans mon oreille pour m'exciter.
VÉRITÉ
Si tu devais n'en choisir qu'un : sexe oral ou sexe vaginal ?

ACTION
Essaie de me déshabiller avec une seule main.
VÉRITÉ
Comment as-tu atteint ton orgasme le plus puissant ?

ACTION
Montre-moi la photo la plus chaude que tu as sur ton smartphone.
VÉRITÉ
Qu'est-ce qui plait à tout le monde mais que tu détestes ?

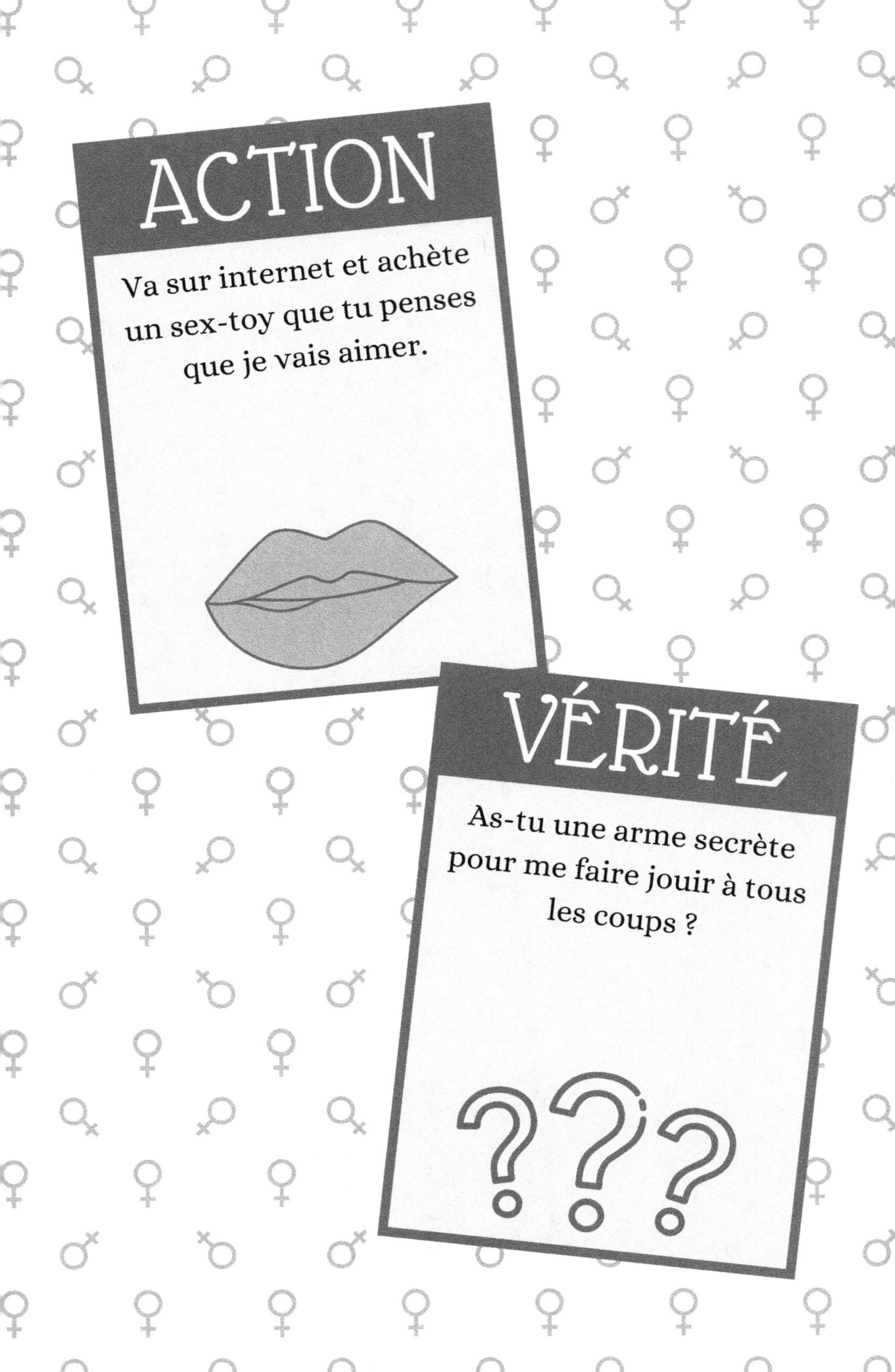

ACTION
Va sur internet et achète un sex-toy que tu penses que je vais aimer.
VÉRITÉ
As-tu une arme secrète pour me faire jouir à tous les coups ?

ACTION
Prends quelque chose dans le frigo et mange-le de manière sexy.
VÉRITÉ
Aimes-tu que je dise des mots cochons pendant qu'on fait l'amour ?

ACTION
Donne-moi une fessée.
VÉRITÉ
Quels mots sont trop vulgaires pour toi ?
???

ACTION
Enlève mes sous-vêtements sans tes mains.
VÉRITÉ
Quelle est l'ultime limite pour toi, en terme de sexe ?

ACTION
Active l'enregistrement vidéo sur ton portable et faisons le !
VÉRITÉ
Pourrais-tu facilement supporter un mois sans sexe ?

ACTION
Mets de la chantilly sur ma poitrine et utilise ta langue pour l'enlever.
VÉRITÉ
As-tu déjà fait ou aimerais-tu faire un plan à trois ?

ACTION
Lèche tout autour de mon sexe sans passer sur la zone sensible.
VÉRITÉ
Quel est le dernier fantasme que tu as réalisé ?

ACTION
Masse-moi les pieds s'il te plait.
VÉRITÉ
Es-tu déjà allé dans un club échangiste ou as-tu déjà eu envie d'essayer le libertinage ?

ACTION
Faisons l'amour en levrette.
VÉRITÉ
A quel âge as-tu fait l'amour pour la première fois ?

ACTION
Fais tout ce que je t'ordonne pendant 5 minutes.
VÉRITÉ
Quels sont tes préliminaires préférés ?

ACTION
Mordille-moi les fesses.
VÉRITÉ
As-tu déjà pris un râteau ?

ACTION
Prends une photo érotique de moi.
VÉRITÉ
Dans quel endroit que tu n'as pas encore essayé aimerais-tu faire l'amour ?

ACTION
Enduis-toi le corps d'huile et frotte-toi contre moi.
VÉRITÉ
Es-tu déjà tombé(e) sur une femme fontaine / un éjaculateur précoce ?

ACTION
Téléphone à un(e) ami(e) pendant que je te fais une gâterie.
VÉRITÉ
On te propose 5000€ pour tourner à visage flouté dans une vidéo X, tu acceptes ?

ACTION
Décris mon sexe avec le plus de détails possible.
VÉRITÉ
Préfères-tu que je sois épilé(e) ?

ACTION
Parle-moi avec l'accent anglais sur un ton sensuel.
VÉRITÉ
Combien de rapports sexuels as-tu déjà eu ? Des dizaines, des centaines, des milliers ?

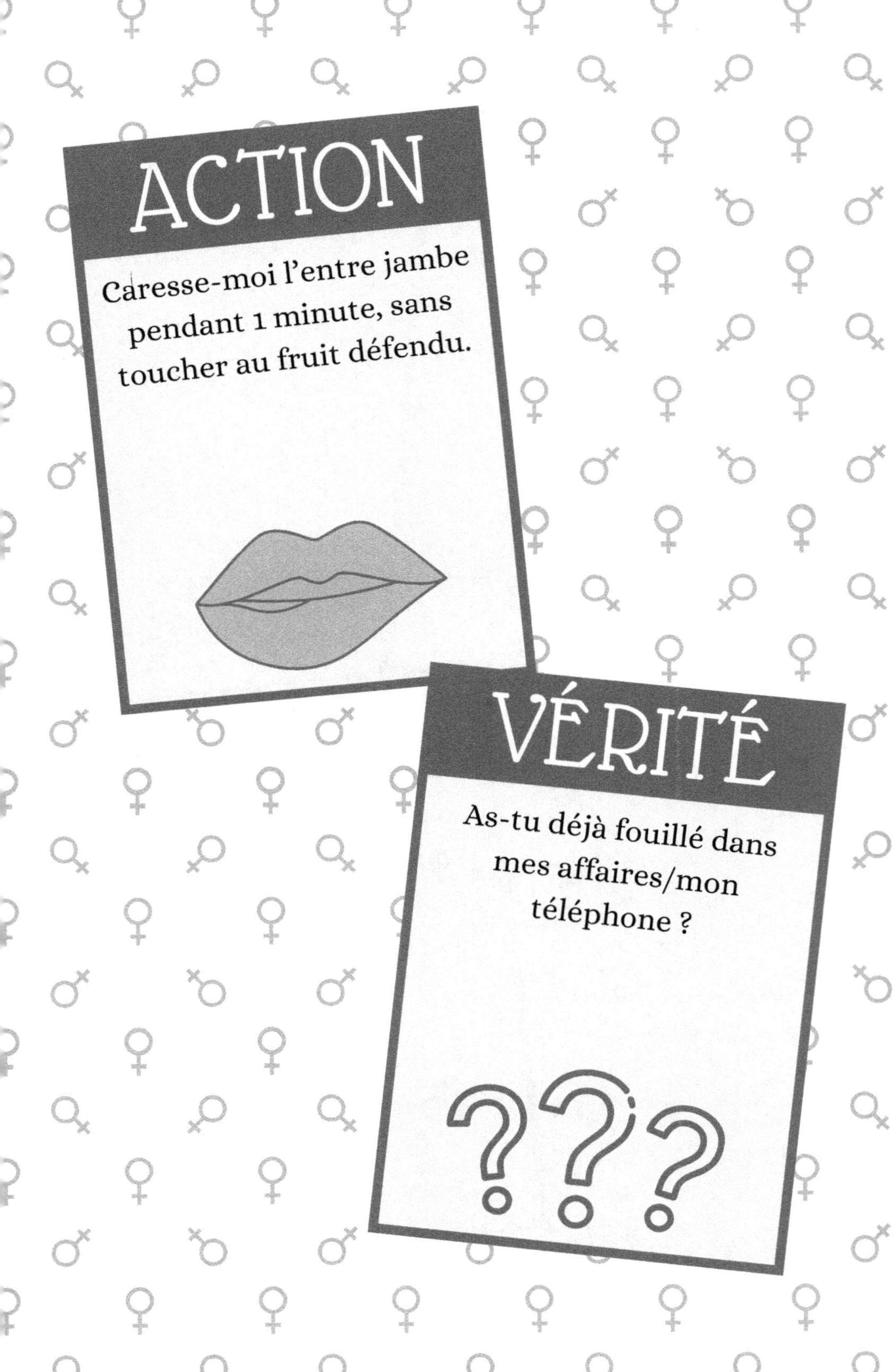

ACTION
Caresse-moi l'entre jambe pendant 1 minute, sans toucher au fruit défendu.
VÉRITÉ
As-tu déjà fouillé dans mes affaires/mon téléphone ?

ACTION

Mets un bonbon mentholé ou un glaçon dans ta bouche et fais-moi une gâterie. Souffle sur mes parties quand tu auras fini.

VÉRITÉ

Est-ce que l'un de tes rapports sexuels a déjà fini à l'hôpital ou chez le docteur ? Si oui, raconte !

ACTION
Cache un objet dans tes sous-vêtements. Je dois deviner ce que c'est avec mes mains.
VÉRITÉ
Serais-tu capable de me tromper après plusieurs verres d'alcool ?

ACTION
Fais 10 pompes au-dessus de moi en m'embrassant à chaque fois que tu descends.
VÉRITÉ
Quelle personne célèbre te fais fantasmer ?

ACTION
Laisse-moi dessiner sur tes fesses avec un feutre.
VÉRITÉ
Pourrais-tu faire une sex-tape avec moi et la diffuser sur des sites pornographiques ?
???

ACTION
Retire le vêtements de ton choix et échange le avec le mien.
VÉRITÉ
Quel est le plus gros mensonge que tu as dit à quelqu'un au lit ?

ACTION
Enlève un vêtement à chaque tour jusqu'à la fin du jeu.
VÉRITÉ
Aimerais-tu avoir des enfants avec moi ?
???

ACTION
Embrasse-moi comme si c'était la première fois.
VÉRITÉ
Pour toi, avant combien de temps de relation tu peux envisager de vivre avec ta moitié ?

ACTION
Dessine un tatouage sur mon bras.
VÉRITÉ
Comment tu imagines notre couple dans 5 ans ?
???

ACTION
Publie une story avec marqué « À vendre : tenue d'infirmière cochonne ».
VÉRITÉ
As-tu eu envie de moi la première fois que tu m'as vu(e) ?

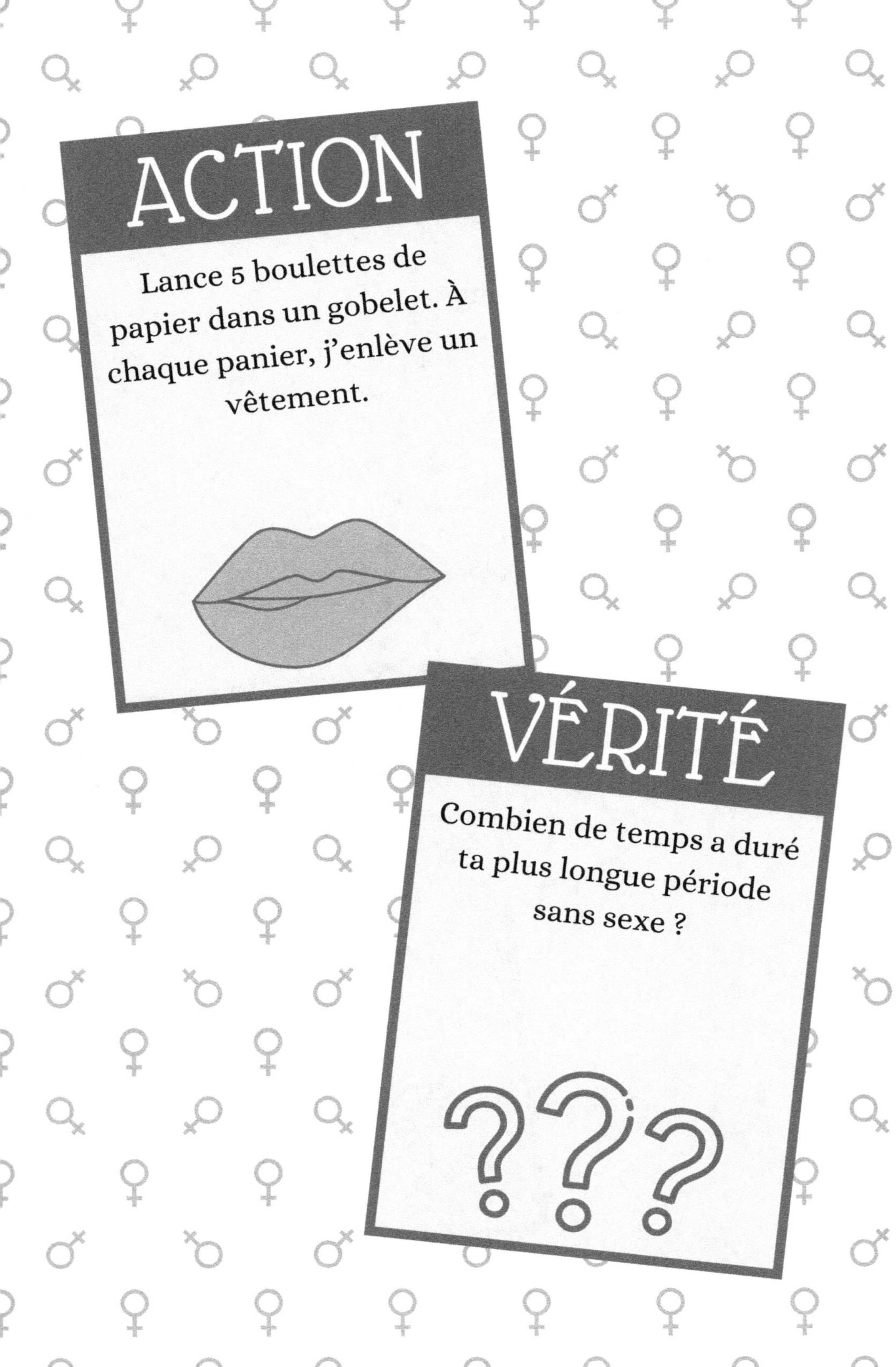

ACTION
Lance 5 boulettes de papier dans un gobelet. À chaque panier, j'enlève un vêtement.
VÉRITÉ
Combien de temps a duré ta plus longue période sans sexe ?

ACTION
Pendant 10 minutes, tu devras faire tous les gages que je fais.
VÉRITÉ
Qui de nous deux est le/la plus endurant(e) au lit ?

ACTION
Brosse-moi les dents pendant 2 minutes.
VÉRITÉ
Quelle est la chose la plus coquine que tu aies faites devant ta webcam ?

ACTION
Crie comme si tu avais un orgasme.
VÉRITÉ
As-tu déjà couché avec quelqu'un qui ne t'attirait pas physiquement ?

ACTION
Raconte une histoire drôle sur un(e) de tes ex.
VÉRITÉ
Dis-moi quelque chose qu'on ne t'a jamais fait au lit.

ACTION
Fais une danse sensuelle avec ton ventre.
VÉRITÉ
As-tu déjà vécu une relation de vacances ?

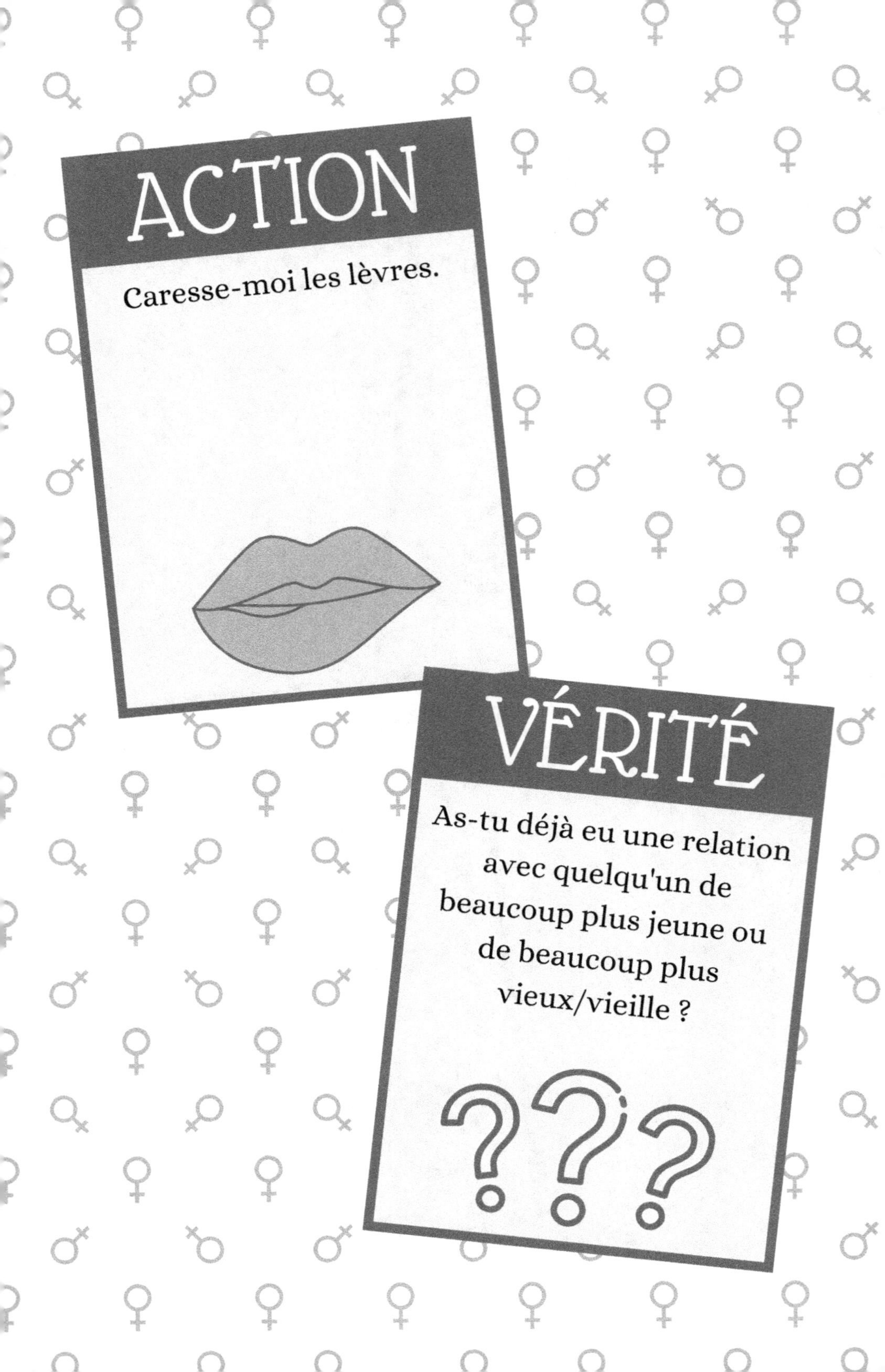
ACTION
Caresse-moi les lèvres.
VÉRITÉ
As-tu déjà eu une relation avec quelqu'un de beaucoup plus jeune ou de beaucoup plus vieux/vieille ?
???

ACTION
Prends la première chose qui ressemble à une bague et simule une demande de mariage.
VÉRITÉ
Que ferais-tu si tu avais un esclave sexuel ?

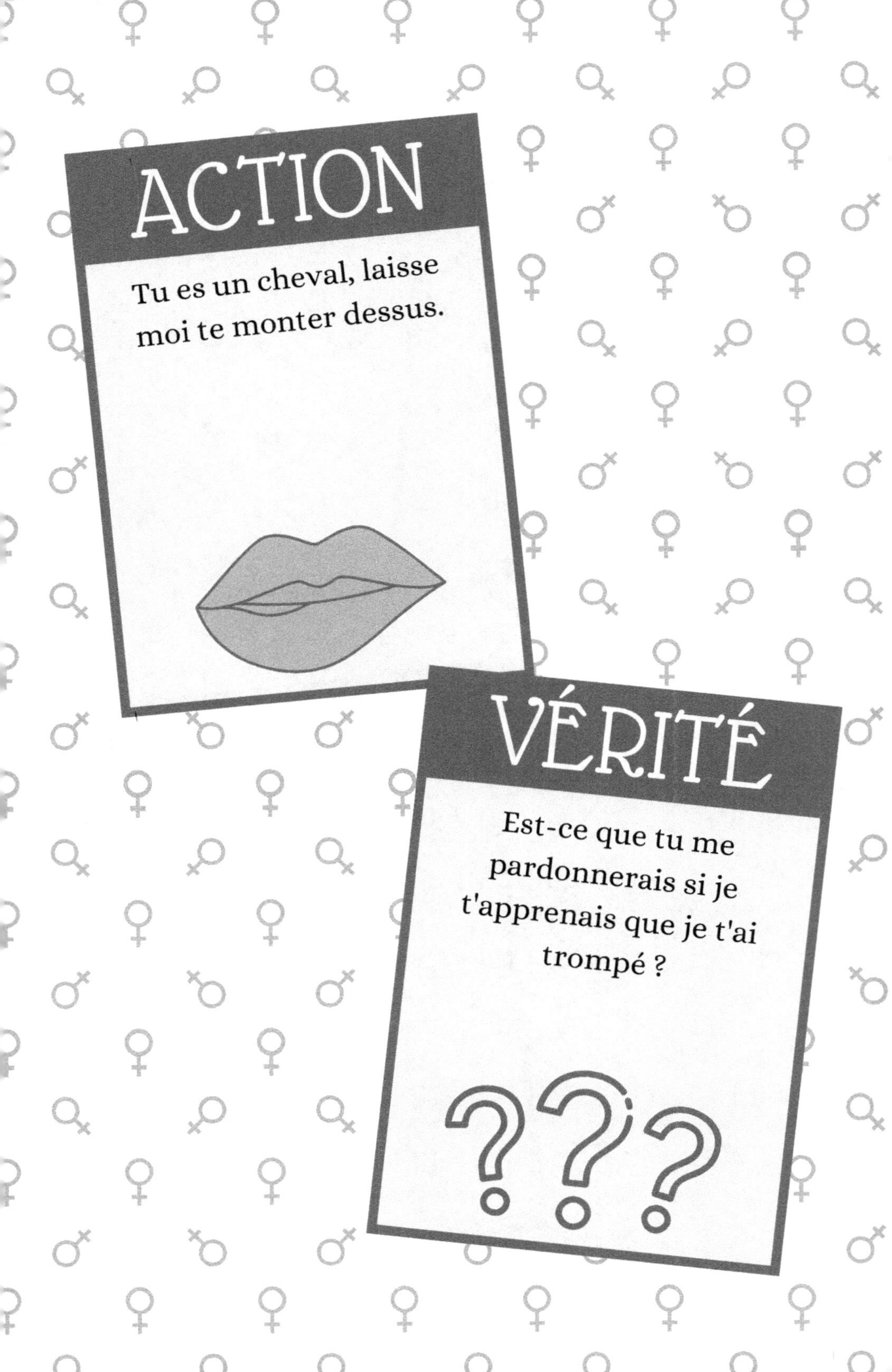

ACTION
Tu es un cheval, laisse moi te monter dessus.
VÉRITÉ
Est-ce que tu me pardonnerais si je t'apprenais que je t'ai trompé ?

ACTION
Avale un aliment que j'ai léché.
VÉRITÉ
Comment était ta première fois ?

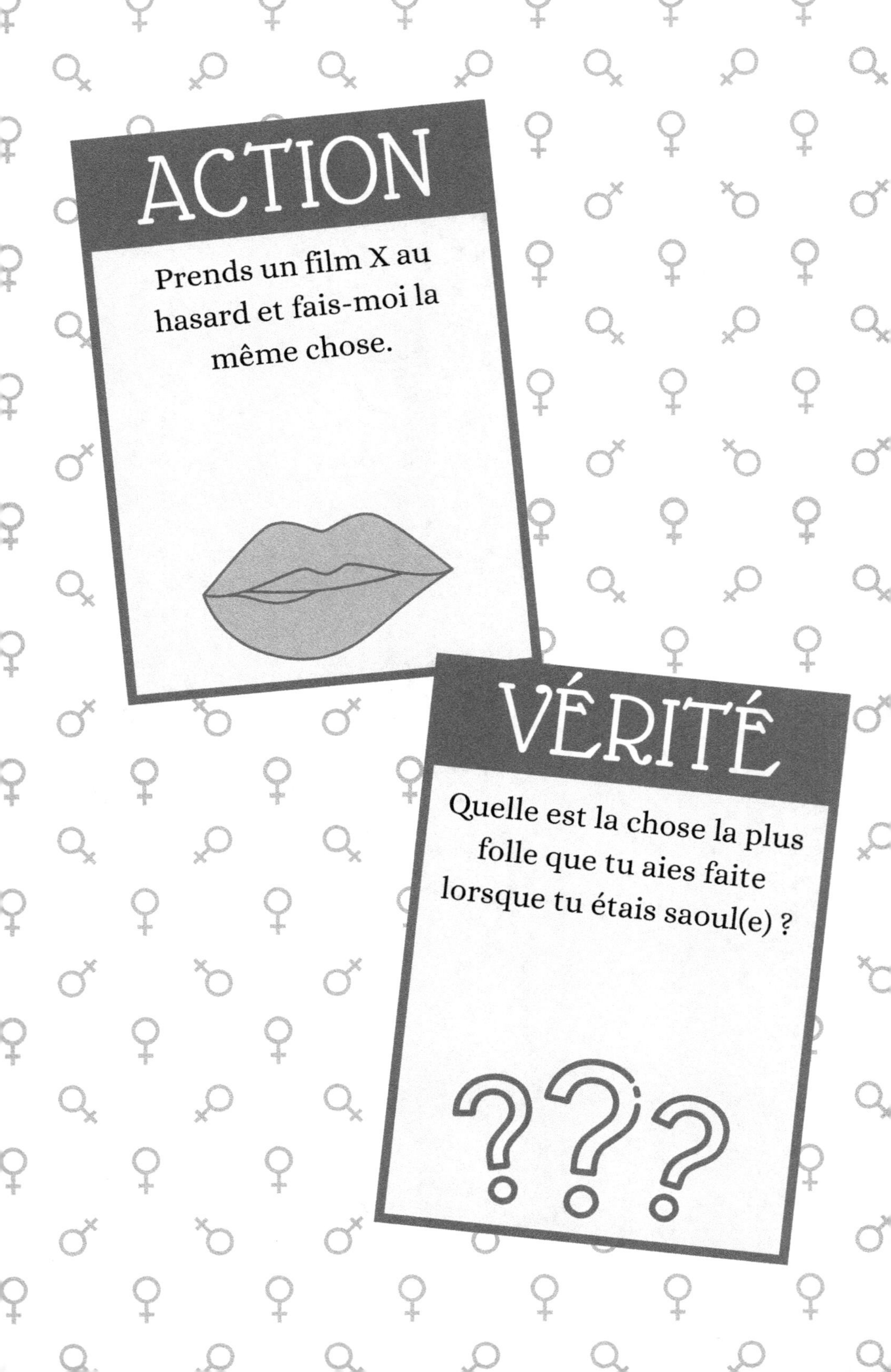

ACTION
Prends un film X au hasard et fais-moi la même chose.
VÉRITÉ
Quelle est la chose la plus folle que tu aies faite lorsque tu étais saoul(e) ?

ACTION
Fais-moi un bisou sur le nez.
VÉRITÉ
Exceptées les parties génitales, quelle est la partie de ton corps qui t'excite le plus lorsqu'elle est stimulée ?

ACTION
Fesses nues sous un tablier, prépare-moi un bon cocktail.
VÉRITÉ
Quel est le moment le plus gênant que tu aies vécu avec quelqu'un ?

ACTION
Touche mon sexe avec tes pieds.
VÉRITÉ
As-tu déjà payé pour un site de rencontre ?

ACTION
Fais-moi des bisous sur les pieds.
VÉRITÉ
T'es-tu déjà fait(e) surprendre en train de te masturber ? Si oui, par qui ?

ACTION
Mets-toi face à moi et reproduis à l'identique ce que je fais.
VÉRITÉ
As-tu déjà été attiré(e) par ton/ta banquier(e) ?

ACTION
Assieds-toi derrière moi en m'entourant de tes jambes et masturbe-moi comme si tu étais à ma place.
VÉRITÉ
As-tu déjà ouvert la porte à un(e) inconnu(e) en petite tenue ?
???

ACTION
Occupe-toi de mes fesses. Tu as une minute pour faire tout ce que tu veux avec (caresser, embrasser, lécher...).
VÉRITÉ
As-tu déjà brisé un couple ?

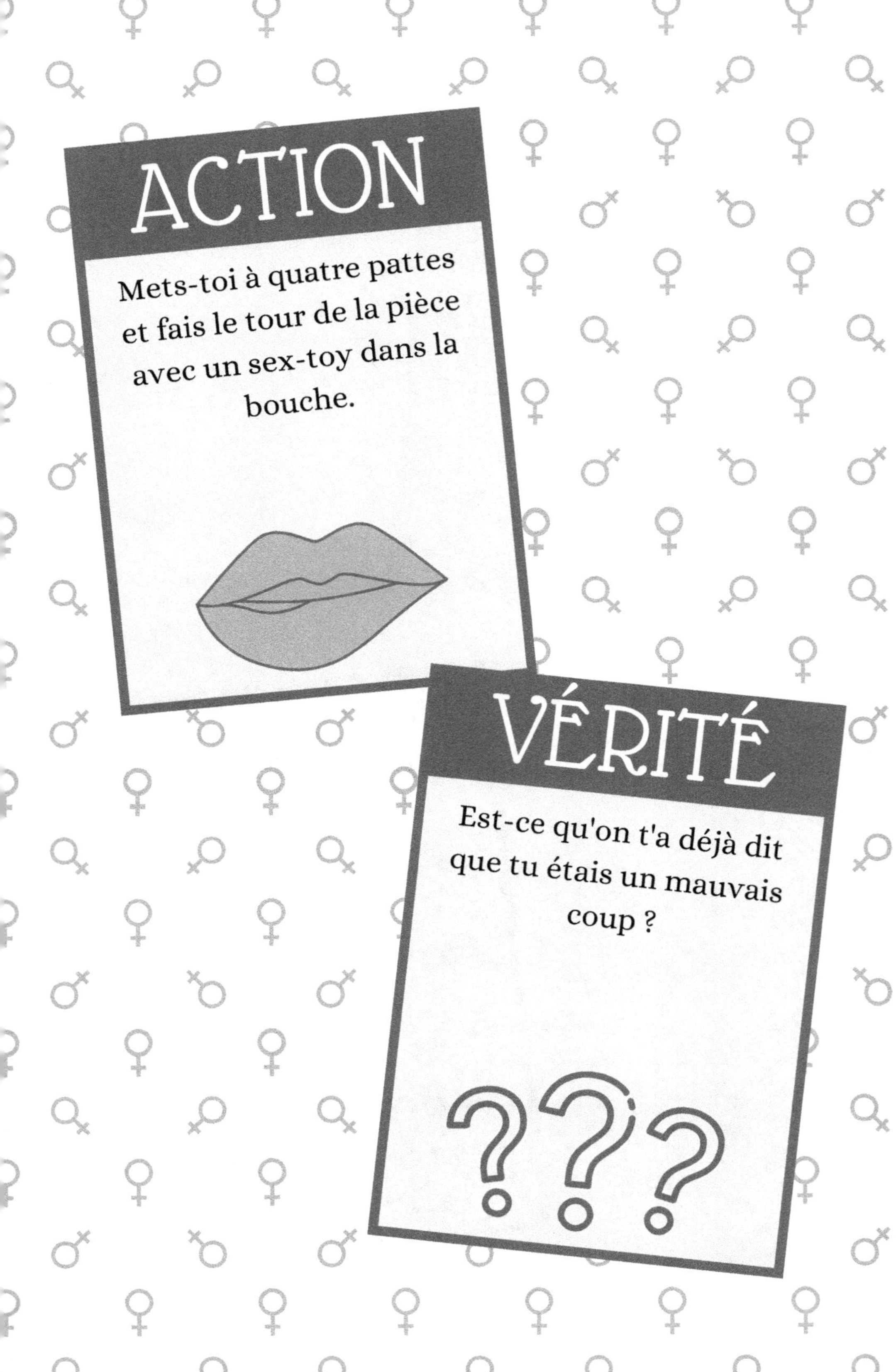

ACTION
Mets-toi à quatre pattes et fais le tour de la pièce avec un sex-toy dans la bouche.
VÉRITÉ
Est-ce qu'on t'a déjà dit que tu étais un mauvais coup ?

Votre propre

ACTION/RÉVÉLATION

ACTION
VÉRITÉ

ACTION
VÉRITÉ

ACTION
VÉRITÉ

ACTION
VÉRITÉ

ACTION
VÉRITÉ

ACTION
VÉRITÉ

ACTION
VÉRITÉ

ACTION
VÉRITÉ

ACTION
VÉRITÉ

ACTION
VÉRITÉ

ACTION
VÉRITÉ
???

ACTION
VÉRITÉ

ACTION
VÉRITÉ

ACTION
VÉRITÉ
???

ACTION
VÉRITÉ

ACTION
VÉRITÉ

ACTION
VÉRITÉ

ACTION
VÉRITÉ

ACTION
VÉRITÉ

ACTION
VÉRITÉ

ACTION
VÉRITÉ

ACTION
VÉRITÉ

ACTION
VÉRITÉ

ACTION
VÉRITÉ

ACTION
VÉRITÉ